269 FAITS INSOLITES POUR ADULTES

Des faits drôles et complètement fous qui vont vraiment vous surprendre

---

SCOTT MATTHEWS

Contents

« *Plus tu lis, plus tu sauras de choses.*

Plus tu apprends, à plus d'endroits tu iras. »

- Dr Seuss

Introduction

Bienvenue dans un univers où l'étrange, le drôle et l'inattendu se rencontrent à chaque page.

Ce livre n'est pas un manuel classique ni une encyclopédie ennuyeuse remplie de dates et de définitions. Ici, chaque fait est une petite surprise, parfois choquante, souvent amusante, et toujours conçue pour éveiller votre curiosité. Vous allez découvrir des anecdotes insolites, des vérités étonnantes, et des informations que vous n'auriez probablement jamais imaginées… et encore moins entendues ailleurs.

Que vous lisiez quelques pages pour passer le temps, pour impressionner vos amis avec des faits improbables, ou simplement pour vous divertir, ce livre a été pensé pour vous offrir une expérience légère, captivante et pleine de surprises. Certaines informations vous feront rire, d'autres vous laisseront perplexe, et quelques-unes pourraient bien vous faire dire : « Attends… c'est vraiment vrai ça ? »

Alors installez-vous confortablement, gardez l'esprit ouvert, et préparez-vous à explorer 269 faits insolites qui vont vous divertir, vous surprendre... et peut-être même vous apprendre quelque chose de nouveau.

Bonne lecture !

269 Faits Insolites Pour Adultes

1. Certains biologistes évolutionnistes ont une théorie controversée pour expliquer pourquoi le gland du pénis humain a cette forme caractéristique de champignon. L'idée est qu'il aurait évolué pour déplacer ou « recueillir » le sperme laissé par les précédents partenaires, et augmenter ainsi potentiellement les chances de reproduction. Cette hypothèse reste cependant débattue et n'est pas universellement acceptée.

2. Une grande enquête américaine menée auprès de 27 000 personnes a révélé un changement notable dans les comportements sexuels au fil du temps. Dans les années 1960, seuls 6 % environ des personnes dans la vingtaine

disaient n'avoir eu aucun partenaire sexuel après 18 ans ; dans les années 1990, ce chiffre était passé à 15 %. Les chercheurs attribuent ceci à un « effet de cohorte », ce qui signifie que les attitudes et les comportements liés au sexe évoluent d'une génération à l'autre plutôt qu'au sein des individus.

3. Atteindre l'âge de 70 ans ne signifie pas forcément arriver à la fin de sa vie sexuelle. Des études révèlent qu'un nombre important d'hommes restent sexuellement actifs à cet âge, avec environ 73 % d'entre eux encore capables d'avoir des relations sexuelles, ce qui prouve que la santé sexuelle peut se prolonger bien au-delà de l'âge mûr.

4. Une étude de 1996 a remis en question une idée reçue courante sur l'accouchement et l'anatomie. Les chercheurs n'ont trouvé aucune différences significatives ou mesurables au niveau de la taille du vagin entre les femmes ayant accouché et celles qui n'avaient pas eu d'enfant, ce qui prouve que le corps est bien plus adaptable et résilient qu'on ne le pense souvent.

5. Le gingembre est depuis longtemps considéré comme un aphrodisiaque naturel : il stimule la circulation sanguine et augmente légèrement le rythme cardiaque, créant ainsi une sensation de chaleur et d'énergie. Parmi les autres aliments souvent associés à des effets « romantiques » et « boosters d'humeur », on trouve les huîtres, les mûres et la pastèque, tous liés à une meilleure circulation sanguine et à une vitalité accrue.

6. Pendant l'excitation sexuelle et l'orgasme, le corps libère une grande quantité d'endorphines, substances chimiques

du bien-être associées au soulagement de la douleur et au plaisir. Ces substances naturelles créent une sensation de chaleur et d'euphorie que les scientifiques comparent souvent aux effets atténués des opioïdes, ce qui explique pourquoi l'expérience peut être à la fois relaxante et extrêmement gratifiante.

7. On affirme souvent qu'environ un homme sur mille est assez souple pour pratiquer une fellation sur lui-même sans intervention chirurgicale. Même si le chiffre exact est difficile à vérifier, cela montre que la clé de la réussite est la souplesse… et que les solutions radicales telles que l'ablation des côtes ne sont pas nécessaires.

8. D'après une croyance populaire, le sperme contiendrait des nutriments (vitamines et minéraux) et aurait des effets

bénéfiques pour la peau, mais cette théorie est largement exagérée. Bien que le sperme contienne de petites quantités de zinc et de protéines, il n'existe aucune preuve scientifique solide qu'il puisse avoir un effet quelconque sur la peau ou traiter efficacement les rides. En général, une éjaculation libère 2 à 5 millilitres de sperme qui contient lui-même des dizaines voire des centaines de millions de spermatozoïdes.

9. Les complexes physiques sont très courants chez les hommes, et ils ont surtout trait à la taille. Des études indiquent que près de la moitié des hommes pensent que leur pénis est plus petit que la moyenne, alors que la recherche médicale montre que la plupart sont tout à fait dans la norme.

10. Pour sa sortie en Italie, Disney a changé le titre du film *Moana* (*Vaiana* en France) pour *Oceania*. Le but était d'éviter toute association avec Moana Pozzi, une célèbre actrice de films pour adultes dont le nom est toujours aussi célèbre dans la culture populaire italienne, même des années après sa mort.

11. L'affirmation selon laquelle un bébé européen sur dix serait conçu dans un lit IKEA est une statistique très relayée. Cependant, il s'agit plus d'un mythe marketing que d'un fait avéré. IKEA a beau en plaisanter dans ses publicités, aucune donnée solide ne vient étayer ce chiffre précis.

12. Une étude de 2010 a révélé que les hommes ayant des relations sexuelles au moins deux fois par semaine présentaient un risque significativement plus faible de maladies cardiaques que ceux qui en avaient moins souvent,

ce qui suggère qu'une vie sexuelle active pourrait être liée à une meilleure santé cardiovasculaire.

13. Carrie Fisher a réagi de façon légendaire à une situation inquiétante dans laquelle se trouvait son amie Heather Robinson. Après que celle-ci eut été harcelée par un producteur, Carrie Fisher aurait envoyé un paquet contenant une langue de vache accompagné d'un mot glaçant qui disait en substance : « Si tu touches encore une fois à mon amie, la prochaine livraison sera un morceau de toi, dans une boîte beaucoup plus petite. »

14. Les préservatifs modernes sont généralement fabriqués en latex ou en polyuréthane, des matériaux très efficaces pour prévenir à la fois les grossesses et les infections sexuellement transmissibles. Les versions anciennes, faites à partir de membranes animales (parfois appelées « peau d'agneau »), pouvaient empêcher la grossesse mais n'étaient pas fiables contre les virus comme le VIH en raison de leur structure poreuse.

15. Certaines études suggèrent que les femmes ayant une activité sexuelle régulière (par exemple une fois par semaine) pourraient avoir des cycles menstruels plus réguliers. Cela serait lié à la régulation hormonale et à la santé reproductive globale, même si de nombreux autres facteurs comme le stress, l'alimentation et le mode de vie jouent également un rôle important.

16. Dans la Grèce antique, la prostitution, en plus d'être légale, faisait aussi parfois l'objet d'une ingénieuse publicité. Selon des récits historiques, certaines travailleuses du sexe portaient des sandales qui laissaient dans la terre des messages comme « Suis-moi » à chacun de leurs pas, et transformaient ainsi leur marche en une subtile forme de marketing.

17. Pour ce qui est des endroits où les gens ont le plus souvent des relations sexuelles, les études et sondages pointent tous vers les lieux familiers et privés. La chambre arrive largement en tête, suivie par la douche ou la baignoire, la voiture, et parfois d'autres pièces de la maison. Un mélange de confort, de praticité et de spontanéité.

18. D'après certains sondages, un peu plus d'une personne sur deux affirme qu'elle pourrait se passer de sexe plus longtemps que de café, un rappel amusant de la puissance des habitudes quotidiennes.

19. Des recherches suggèrent qu'environ 10 à 20 % des femmes n'atteignent pas l'orgasme pendant les rapports sexuels, et que certaines n'en ont même jamais eu. Cela prouve que les expériences sexuelles peuvent considérablement varier, et que la communication, le confort et la physiologie individuelle jouent un rôle déterminant.

20. L'idée selon laquelle de longues périodes d'abstinence réduiraient la quantité de sperme n'est pas tout à fait exacte. En fait, le sperme s'accumule avec le temps, mais une abstinence prolongée peut parfois diminuer la qualité et la motilité des spermatozoïdes. Éjaculer régulièrement, tous les deux ou trois jours, est généralement associé à une meilleure fonction spermatique plutôt qu'à une simple augmentation quantitative.

21. Certaines études suggèrent que les personnes ouvertes à un plus large éventail de pratiques sexuelles consensuelles, y compris kink ou BDSM, rapportent un bien-être psychologique similaire, voire légèrement supérieur, à celui des personnes ayant des préférences plus conventionnelles.

22. Les premières versions du vibromasseur remontent à la fin du XIXème siècle, époque où les médecins utilisaient des dispositifs mécaniques pour traiter ce qu'on appelait alors « l'hystérie féminine ». Certains d'entre eux étaient actionnés à l'aide d'une manivelle et ressemblaient plus à des appareils ménagers qu'aux sex-toys modernes. Aujourd'hui, les mentalités ont radicalement changé : de nombreux sondages montrent que la majorité des femmes se sentent à l'aise, voire enthousiastes, à l'idée d'acheter ce genre de produits.

23. Dans le règne animal, les cirripèdes détiennent un record surprenant. Comme ces minuscules créatures sont fixées à un support, elles ont développé des organes reproducteurs extrêmement longs, pouvant atteindre jusqu'à 40 fois la longueur de leur corps, qui leur permettent de se

reproduire avec les femelles les plus proches malgré leur immobilité.

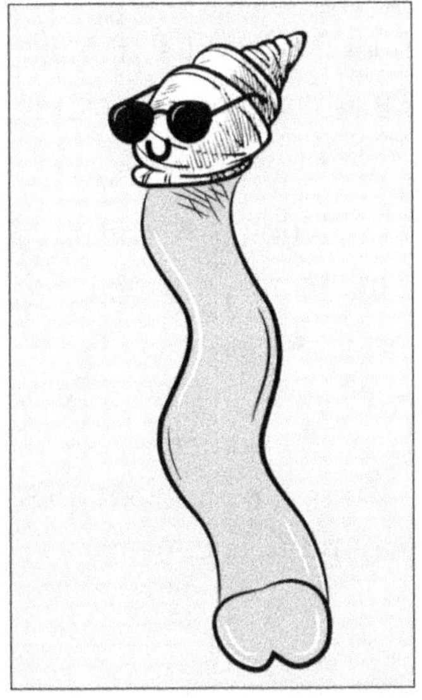

24. Il existe un lien surprenant entre les pommes et le bien-être sexuel. D'après une étude, les femmes qui mangent une pomme par jour ont un niveau de satisfaction sexuelle plus élevé que la moyenne, probablement grâce à des composés qui favorisent la circulation sanguine et la santé globale.

25. En 2009, un Russe de 28 ans nommé Sergey Tuganov a relevé un pari avec deux femmes : elles lui verseraient 3 000 livres sterling s'il parvenait à avoir des relations sexuelles avec elles pendant douze heures d'affilée. Il a réussi l'exploit avec l'aide d'une boîte de Viagra. Peu après avoir empoché ses 3 000 livres, il est mort subitement d'un infarctus.

26. En Chine, porter un couvre-chef vert est depuis longtemps considéré comme un signe d'infidélité. L'expression « porter un chapeau vert » signifie « être cocu ». Son origine remonterait à l'époque de la dynastie Yuan, où certains groupes, dont des familles associées à la prostitution, étaient obligés de porter un couvre-chef vert comme marque d'infamie sociale.

27. Pendant l'excitation sexuelle, le corps peut temporairement augmenter son seuil de tolérance à la douleur, ce qui fait que des sensations normalement inconfortables peuvent être perçues comme moins intenses, voire agréables. Ce phénomène est lié à la libération d'endorphines et d'autres neurochimiques qui modifient la façon dont le cerveau traite la douleur.

28. La chimère, également appelée requin fantôme, est l'une des créatures les plus étranges de l'océan. Vivant dans les eaux profondes et sombres, ces ancêtres des requins et des raies se sont séparés de ces derniers il y a environ 300 millions d'années. Les mâles possèdent une particularité rare dans le règne animal, un organe reproducteur rétractable situé sur leur front, qui ajoute à leur apparence déjà insolite.

29. Dans la ville canadienne de Guelph, il existe un lieu qui sert deux usages très différents. Un établissement appelé *The Manor* fonctionne comme un club de strip-tease en semaine, mais le dimanche matin, des bénévoles le transforment en église pour y célébrer une messe.

30. La durée de l'extase diffère entre les hommes et les femmes. Chez les hommes, ils durent en moyenne six à neuf secondes, tandis que les femmes connaissent généralement des orgasmes plus longs, de vingt secondes en moyenne, voire davantage dans certains cas rares.

31. Il existe une rare affection appelée diphallie qui consiste à naître avec deux pénis. Elle affecterait une naissance sur cinq à six millions. Des cas ont été documentés, mais cette malformation est extrêmement rare, et les rapports indiquant que les deux organes sont pleinement fonctionnels pour les rapports sexuels sont bien plus rares encore.

32. L'« Erection Hardness Score » (EHS) est un véritable outil clinique développé dans les années 1990 pour aider les chercheurs et les médecins à évaluer la fonction érectile. Il s'est révélé particulièrement utile lors des tests du Viagra en permettant aux patients d'évaluer la fermeté de leur

érection sur une échelle simple pour juger de l'efficacité du traitement.

33. Contrairement à la plupart des autres primates, les hommes n'ont pas de baculum (os pénien). De nombreux scientifiques pensent que cela pourrait être lié à des changements évolutifs dans le comportement reproducteur, qui auraient favorisé des érections plus durables soutenues par le flux sanguin plutôt que par une structure osseuse rigide.

34. En 2010, des écoles du sud de la Californie ont retiré de certaines classes élémentaires des exemplaires de la dixième édition du *Merriam-Webster's Collegiate Dictionary* après que des parents se sont inquiétés de définitions explicites, notamment celle de « sexe oral ».

35. D'après certains récits datant de l'ère soviétique, des prisonniers auraient eu recours à des méthodes aussi extrêmes qu'ingénieuses pour faire entrer de l'alcool en contrebande dans les camps de travail. Un témoignage évoque ainsi l'usage de préservatifs reliés à des tubes, que des détenus avalaient avant de les remplir d'alcool concentré à l'extérieur, puis de les récupérer une fois à l'intérieur... devenant, en quelque sorte, des « fûts humains » improvisés.

36. Quand les loutres de mer s'accouplent, le mâle attrape souvent la femelle par le museau avec ses dents pour maintenir sa position dans l'eau. Souvent, la femelle garde le museau rouge ou légèrement blessé, ce qui lui vaut le surnom officieux et humoristique de « Rudolph » pendant la saison des amours.

37. Des sondages indiquent que la technologie moderne s'invite même dans les moments intimes. Environ 20 % des personnes sexuellement actives âgées de 18 à 34 ans admettent avoir déjà utilisé leur téléphone pendant un rapport sexuel, que ce soit pour consulter des messages, changer de musique ou s'adonner à d'autres distractions.

38. Bien qu'il ne contienne aucun os, le pénis humain peut être « cassé ». Une fracture peut en effet survenir lorsqu'un pénis en érection est soudainement plié ou heurté, ce qui se produit le plus souvent quand il « ripe » pendant un rapport et subit un impact violent. Cela peut provoquer une rupture des tissus internes et des vaisseaux sanguins, entraînant une douleur immédiate, un gonflement et la nécessité d'une prise en charge médicale urgente.

39. La marque de préservatifs la plus populaire aux États-Unis est Trojan, un nom bien établi qui domine une grande partie du marché grâce à sa large disponibilité et à sa large gamme de produits.

40. Des dispositifs ressemblant à des préservatifs sont utilisés depuis des milliers d'années. Les premières versions remontent aux civilisations anciennes et à environ 3000 av. J.-C. Elles étaient fabriquées à partir de lin ou de membranes animales, bien avant l'invention des versions modernes en latex.

41. Lors des Jeux olympiques d'hiver de 2018, environ 110 000 préservatifs ont été distribués aux athlètes et au personnel dans le but de perpétuer une longue tradition de promotion du sexe protégé aux Jeux olympiques.

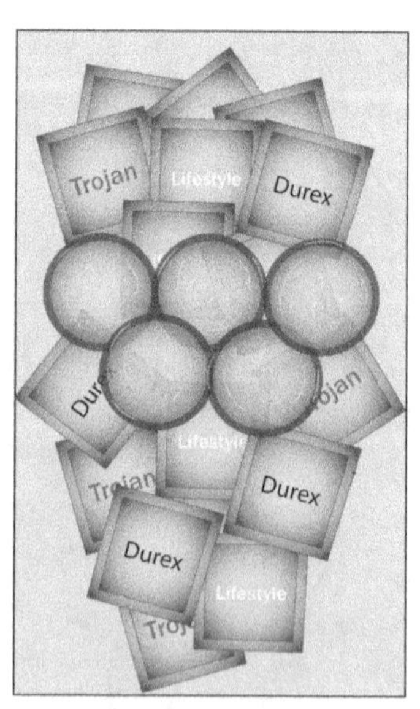

42. La Saint-Valentin est souvent citée comme l'un des jours où l'on utilise le plus souvent de préservatifs. En effet, on observe alors un pic d'activité sexuelle, avec environ 87 préservatifs utilisés chaque seconde dans le monde.

43. Malgré leur finesse, les préservatifs en latex standards sont étonnamment résistants et flexibles. Ils peuvent s'étirer suffisamment pour contenir jusqu'à environ 3,8 litres d'eau, preuve de leur solidité lorsqu'ils sont utilisés correctement.

44. Les préservatifs n'ont pas une durée de vie infinie : leur efficacité diminue avec le temps. La chaleur, les frottements et la pression (par exemple quand on les garde dans un portefeuille) peuvent fragiliser le matériau et augmenter le risque de rupture. C'est pourquoi il est important de vérifier leur date d'expiration et de les conserver dans un endroit frais et sec, sans plier ni endommager l'emballage.

45. Des sondages indiquent que dans les cours d'éducation sexuelle, moins de 40 % des élèves du secondaire reçoivent des instructions pratiques sur la manière d'utiliser correctement un préservatif, ce qui révèle un grand écart entre enseignement théorique et application concrète.

46. Aux États-Unis, on estime qu'environ un rapport vaginal sur quatre se fait avec un préservatif. Cela montre une utilisation régulière, mais cela indique également qu'il reste des progrès à faire en matière de pratiques sexuelles sécuritaires.

47. Il existe carrément un terme spécifique pour la peur des érections : l'ithyphallophobie. Ce mot vient du grec : *ithy* signifie « droit », *phallos* signifie « pénis », et *phobia* signifie « peur ».

48. Dans certaines régions des États-Unis, les lois sur les sex-toys ont été controversées. Des États comme l'Alabama et le Mississippi ont restreint la vente d'objets tels que les vibromasseurs, en s'appuyant sur des arguments juridiques affirmant qu'il n'existait pas de droit fondamental à acheter des appareils destinés uniquement au plaisir sexuel. Ces lois ont bien sûr évolué avec le temps.

49. Entre médecine et botanique, une étonnante découverte a été faite. Des chercheurs se sont aperçus que de petites quantités de Viagra ajoutées à l'eau pouvaient prolonger la durée de vie des fleurs coupées. L'effet chimique contribue à maintenir les tiges droites et retarde le flétrissement, parfois de plusieurs jours.

50. Entre 2002 et 2010, près de 18 000 hommes aux États-Unis se sont rendus aux urgences pour des blessures au pénis causées par une fermeture éclair. Ces incidents, qui révèlent que de petites choses banales peuvent provoquer des accidents douloureux, représentaient une part importante de ce type de blessures pendant cette période.

51. Les cas sont rares et inhabituels, mais de jeunes dauphins sexuellement frustrés ont été observés en train d'adopter un comportement agressif envers d'autres animaux marins, notamment les marsouins. Les scientifiques estiment que ces incidents sont liés à des dynamiques sociales complexes et à des instincts reproducteurs mal dirigés, et non à de simples « déchaînements ». Il ne s'agit pas d'un comportement caractéristique.

52. Une étude de 2014 a révélé que les femmes lesbiennes rapportaient des taux d'orgasme plus élevés que les femmes hétérosexuelles et bisexuelles. Les chercheurs attribuent généralement cette différence à une durée plus longue des rapports, une meilleure communication et une meilleure connaissance de l'anatomie féminine.

53. L'émission MythBusters a fait une expérience pour déterminer si l'apparence physique influençait les pourboires au restaurant. Résultat : pour les serveuses avec une poitrine généreuse, le montant des pourboires versés par les hommes était supérieur de 30 % par rapport à la moyenne, et, étonnamment, de 40 % pour ceux versés par les femmes. Cela suggère que des biais inconscients peuvent influencer le comportement.

54. Au cours d'une vie, on estime qu'un homme ou une femme passe plus de 20 000 minutes à embrasser. Cela représente environ deux semaines passées lèvres contre lèvres, et cela montre aussi à quel point l'affection et l'intimité peuvent être importantes à l'échelle d'une vie entière.

55. Pendant la Seconde Guerre mondiale, les services de renseignement britanniques auraient expérimenté des tactiques de sabotage inhabituelles, notamment placer du poil à gratter dans des préservatifs destinés aux troupes ennemies. L'objectif était de créer de l'inconfort chez les militaires allemands en poste à l'étranger et de saper leur moral.

56. Dans certaines régions rurales de Chine, il existait autrefois une tradition controversée consistant à demander à des strip-teaseuses de se produire lors des funérailles afin d'attirer plus de monde et d'honorer le défunt. Pour des raisons de décence publique, cette pratique a été officiellement interdite par le gouvernement en 2015.

57. Le bonobo, l'un de nos plus proches parents avec le chimpanzé, est connu pour son comportement social et sexuel inhabituel. Ces grands singes en voie de disparition utilisent souvent le sexe pour apaiser les tensions et renforcer les liens au sein du groupe, et les interactions entre individus du même sexe sont courantes. Cependant, ils ne s'accouplent pas de façon indiscriminée selon l'âge, car les interactions restent régies par la structure sociale et le développement.

58. Netflix a un jour expérimenté un concept appelé « The Switch », un bouton conçu pour améliorer le classique « Netflix and chill ». Il suffisait d'appuyer dessus pour éteindre les lumières, mettre son téléphone en mode silencieux et lancer la lecture afin de créer l'ambiance… même s'il s'agissait davantage d'une idée promotionnelle que d'un produit ayant été largement diffusé.

59. Le livre *Seduction of the Innocent* de Fredric Wertham a provoqué une grande controverse dans les années 1950. L'ouvrage affirmait que les bandes dessinées avaient une influence négative sur les enfants, et allait même jusqu'à suggérer que des personnages comme Batman et Robin véhiculaient des messages cachés, une théorie qui a généré un sentiment de panique morale généralisé autour des comics.

60. Aux **XVIII**ème et **XIX**ème siècles, il existait une boisson appelée salep, alternative populaire et bon marché au thé et au café. Cependant, des rumeurs affirmant qu'elle servait à guérir les maladies vénériennes ont fini par la stigmatiser, entraînant son déclin puis sa disparition.

61. Les cas de blessures accidentelles par arme à feu au niveau des organes génitaux existent, mais les chiffres précis, type « cinq cas depuis 2010 », sont difficiles à vérifier et proviennent généralement de sources anecdotiques ou incomplètes. Ce qui est sûr, c'est que ces incidents, bien que rares, peuvent arriver.

62. En 2002, l'ancien stagiaire de la **NASA** Thad Roberts a été condamné à une peine de prison après avoir volé des roches lunaires d'Apollo 11. Selon les rapports, son étrange

mobile était d'impressionner sa petite amie : il est allé jusqu'à affirmer qu'ils avaient prévu d'avoir des relations sexuelles sur les échantillons lunaires volés.

63. Malgré sa longue histoire, la NBA n'a jamais présenté de joueur portant le numéro 69 lors d'un match officiel. Bien qu'il ne soit pas explicitement interdit, ce numéro est largement évité, probablement en raison des fortes connotations culturelles qu'il porte en lui.

64. Un sondage humoristique a un jour suggéré que près de la moitié des Américains pensent avoir plus de chances de rencontrer Bigfoot que d'atteindre l'orgasme en même temps que leur partenaire. Bien que clairement exagéré, ce résultat montre à quel point les orgasmes parfaitement synchronisés sont rares dans la vie réelle.

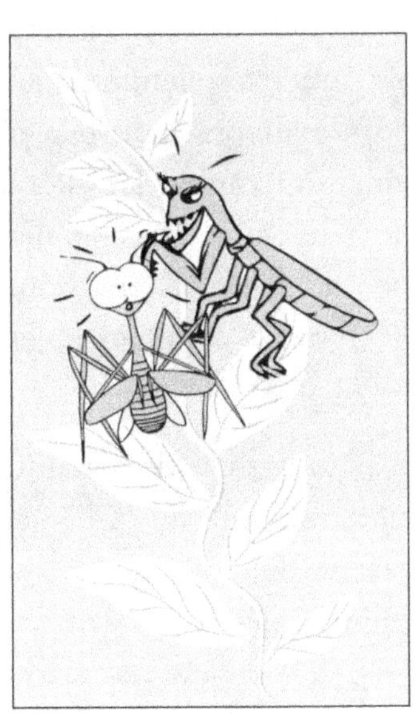

65. Dans le monde des insectes, le cannibalisme sexuel est un phénomène réel et étonnamment courant. Chez des espèces comme la mante religieuse, la femelle peut manger le mâle pendant ou après l'accouplement. Contrairement à la croyance populaire, les mâles ne se « figent » pas pour éviter d'être mangés, bien que ce comportement puisse parfois réduire le risque de déclencher une réaction prédatrice chez la femelle.

66. Pendant l'orgasme, le corps libère des endorphines, des substances chimiques naturelles qui peuvent réduire la douleur et procurer des sensations de plaisir et de relaxation. C'est l'une des raisons pour lesquelles certaines personnes rapportent un soulagement temporaire des maux de tête, crampes ou autres sensations d'inconfort après une activité sexuelle.

67. La réponse sexuelle peut varier selon l'âge et l'expérience. Alors que les femmes jeunes ont plutôt tendance à avoir un seul orgasme par rapport, certaines études suggèrent que les femmes dans la quarantaine et au-delà rapportent des taux plus élevés d'orgasmes multiples, probablement grâce à une meilleure connaissance d'elles-mêmes, une plus grande confiance et une meilleure communication.

68. Un « merkin » est une sorte de perruque conçue pour le pubis. Son invention remonte au XVème siècle. Il était à l'origine utilisé par les femmes qui se rasaient pour des raisons d'hygiène, notamment pour éviter les morpions, et a ensuite été employé au théâtre et au cinéma pour des raisons de pudeur ou dans le cadre de reconstitutions historiques.

69. Il existe une petite ville à Terre-Neuve qui a accepté son nom inhabituel avec humour et fierté : Dildo, c'est-à-dire « godemichet » en anglais. Les habitants, qui célèbrent le Dildo Day et ont même une mascotte nommée Captain Dildo, ont réussi à transformer le nom de leur ville en une attraction touristique originale.

70. Le sexe, c'est aussi du sport. En moyenne, 30 minutes d'activité sexuelle permettent de brûler entre 150 et 200 calories, selon l'intensité et les mouvements pratiqués, ce qui est comparable à un exercice physique léger à modéré.

71. La troisième épouse de l'empereur Claude, Valeria Messalina, est devenue célèbre dans les récits historiques pour son comportement présumé. Certaines sources affirment qu'elle travaillait secrètement comme prostituée et aurait même participé à un concours visant à déterminer qui pouvait coucher avec le plus d'hommes en une nuit... même si de nombreux historiens pensent que ces histoires ont été exagérées ou déformées à des fins politiques.

72. Dans les années 1950, des chercheurs étudiant la stimulation cérébrale ont découvert que certaines zones du cerveau pouvaient déclencher des sensations de plaisir lorsqu'elles étaient activées. Ces expériences montraient que la stimulation électrique de ces régions pouvait produire des réactions intenses, y compris des sensations de plaisir prolongées... bien que ces études soient aujourd'hui considérées comme hautement controversées et non conformes aux normes éthiques modernes.

73. Autrefois, l'expression anglaise équivalente à « lécher le cul », *blowing smoke up your ass*, ou littéralement « souffler de

la fumée au cul », n'était pas qu'une simple métaphore. Au XVIIIème siècle, les lavements à la fumée de tabac étaient considérés comme un traitement médical. Ils ont été utilisés pour ranimer les noyés ou soigner diverses affections avant d'être abandonnés avec les progrès de la médecine.

74. Les abeilles peuvent transmettre certaines maladies lors de l'accouplement. Comme une reine s'accouple avec de nombreux mâles en peu de temps, les infections peuvent se propager rapidement dans la ruche, ce qui montre que même les insectes ne sont pas à l'abri des risques de transmission de maladies pendant la reproduction.

75. En 2012, Planned Parenthood a lancé une campagne originale en distribuant 55 000 préservatifs munis de QR codes aux étudiants du Nord-Ouest Pacifique. Leurs

utilisateurs pouvaient scanner le code pour enregistrer anonymement leur expérience, laquelle était ensuite cartographiée et éventuellement partagée sur les réseaux sociaux. Une expérience mêlant santé publique et interaction numérique.

76. Le sperme est composé principalement de fluides qui soutiennent et transportent les spermatozoïdes. Les spermatozoïdes eux-mêmes ne représentent généralement que 1 à 10 % de son volume total. Une éjaculation peut contenir des centaines de millions de spermatozoïdes, mais malgré ce nombre élevé, son contenu calorique est extrêmement faible, souvent estimé à seulement quelques calories.

77. Truvada, médicament utilisé pour la prophylaxie pré-exposition (PrEP), peut réduire de manière significative le risque d'infection par le VIH lorsqu'il est pris régulièrement. Les études ont montré qu'il était d'une grande efficacité, mais son utilisation reste limitée en raison de problèmes d'accessibilité et d'un manque de sensibilisation auprès des patients et des professionnels de la santé, même si cette situation s'améliore progressivement.

78. Des études d'imagerie cérébrale ont montré que pendant l'orgasme, certaines régions liées à la peur et à l'anxiété, comme l'amygdale, deviennent moins actives. Ce changement temporaire explique pourquoi de nombreuses femmes se sentent plus détendues, calmes et moins anxieuses immédiatement après un rapport sexuel.

79. Une enquête de 2015 sur la santé et la satisfaction des femmes a révélé que, bien qu'une partie importante des

femmes se disent globalement insatisfaites de leur vie sexuelle, la plupart se disent satisfaites de la taille du pénis de leur partenaire. Ces résultats suggèrent que le lien émotionnel, la communication et l'expérience globale comptent souvent plus que les attributs physiques.

80. Le biscuit Graham a été conçu pour être consommé dans le cadre d'un régime strict visant à réduire les pulsions sexuelles. En effet, Sylvester Graham, son inventeur, croyait que des aliments fades et simples pouvaient contribuer au maintien de la discipline morale et de la maîtrise de soi.

81. Un étudiant en design taïwanais nommé Guan Hao Pan a créé un concept appelé « Love Guide », un système d'emballage de préservatifs destiné à aider les gens à choisir

plus facilement la bonne taille. L'idée est d'utiliser des formes d'aliments familiers, comme des bananes ou des concombres, pour représenter visuellement les différentes tailles.

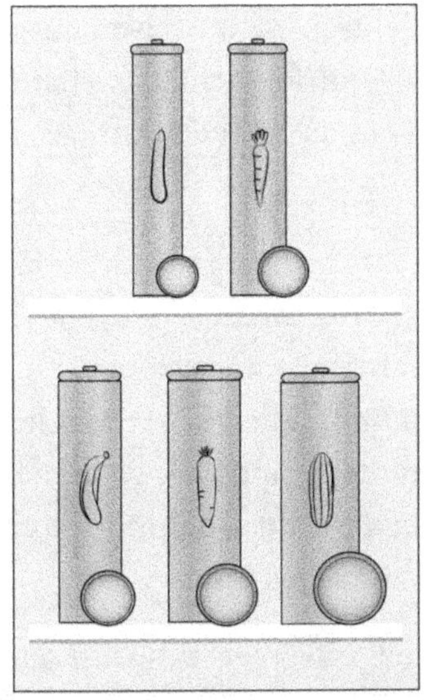

82. Les recherches comparant les hommes circoncis et non circoncis ont généralement montré que, pour la plupart des femmes, il y a peu ou pas de différence perceptible dans les sensations pendant les rapports. Des facteurs comme la communication, le confort et l'excitation ont un impact bien plus important sur l'expérience globale.

83. Chez les Aché du Paraguay, il existe une croyance culturelle appelée « paternité partagée » selon laquelle un enfant peut avoir plus d'un père. Les hommes qui ont eu des relations avec la mère pendant la grossesse peuvent tous être

considérés comme pères et partagent souvent la responsabilité de s'occuper de l'enfant.

84. Avant de devenir le géant du jeu vidéo que nous connaissons, Nintendo a expérimenté divers secteurs. Dans les années 1960, l'entreprise a brièvement exploité au Japon des « love hotels » qui louaient des chambres à l'heure et étaient régulièrement fréquentés par les couples en quête d'intimité.

85. Une étude de 2012 sur la reproduction animale a révélé que les verrats (porcs mâles) peuvent avoir une durée d'éjaculation inhabituellement longue par rapport aux humains. En moyenne, celle-ci dure plusieurs minutes, avec certains cas extrêmes rapportés comme beaucoup plus longs, ce qui souligne à quel point la biologie reproductive peut différer d'une espèce à l'autre.

86. On dit souvent que placer du sel sur sa langue peut réduire le réflexe nauséeux, mais les preuves scientifiques à l'appui sont limitées. Bien que certaines personnes affirment que cette technique fonctionne pour elles, il ne s'agit pas d'une méthode médicalement prouvée ni universellement fiable.

87. La maladie de La Peyronie est une affection dans laquelle des tissus cicatriciels provoquent une courbure du pénis pendant l'érection. Bien qu'une courbure légère soit relativement courante et généralement anodine, les cas plus sévères peuvent causer de la douleur ou des problèmes pendant les rapports et nécessiter un traitement médical.

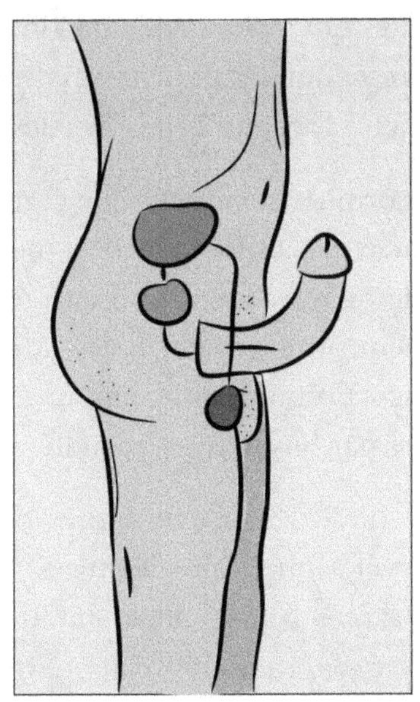

88. L'activité sexuelle, c'est-à-dire l'excitation et l'orgasme, a été associée à une amélioration temporaire de certaines réactions immunitaires. Bien qu'il ne s'agisse pas d'un substitut à des habitudes saines, une pratique sexuelle régulière peut contribuer modestement au bien-être général et à la fonction immunitaire.

89. On utilise parfois l'expression « petite mort » pour parler de l'orgasme. Loin d'évoquer littéralement l'idée d'âme quittant le corps, cette expression fait référence à la brève perte de conscience ou de sensation de soi qui peut accompagner le plaisir intense.

90. La « Fellowship of the Naked Trust », fondée à la fin du XIXe siècle en Inde, est souvent citée comme l'un des premiers groupes naturistes organisés. Il reflétait les idées

naturistes naissantes qui promouvaient la liberté vis-à-vis des vêtements et la présentait comme moyen de se reconnecter à la nature et de rejeter les contraintes sociales.

91. Des récits historiques suggèrent que certaines prostituées de la Chine ancienne utilisaient des mélanges d'herbes comme méthode contraceptive. Leur efficacité réelle, cependant, demeure incertaine : les affirmations selon lesquelles ces concoctions provoquaient une stérilité fiable ne sont pas soutenues par les preuves scientifiques modernes.

92. Une enquête de 2013 menée auprès de plus de 2 000 travailleurs a révélé que les aventures au travail sont relativement courantes : plus de la moitié des personnes sondées ont déclaré avoir eu une relation avec un collègue à un moment donné. Une plus petite proportion a également admis avoir eu un rapport sexuel sur le lieu de travail lui-même, ce qui montre que les frontières entre vies personnelle et professionnelle peuvent parfois se chevaucher.

93. Les préservatifs en latex ne durent pas indéfiniment. En moyenne, on peut les conserver trois à cinq ans, selon les conditions de stockage. L'exposition à la chaleur, à la lumière ou aux frottements peut raccourcir leur durée de vie, c'est pourquoi il est important de vérifier leur date d'expiration.

94. La fabrication moderne des préservatifs implique un contrôle qualité très strict. Au lieu de les tester sur les animaux ou avec des méthodes douteuses, les fabricants utilisent des systèmes de test électroniques qui font passer un faible courant électrique à travers chaque préservatif. S'il est

intact, il bloque le courant ; s'il y a la moindre micro-perforation, elle est détectée et le préservatif est rejeté.

95. Les premiers préservatifs étaient fabriqués à partir de matériaux naturels, notamment des boyaux d'animaux par exemple de mouton. S'ils pouvaient aider à prévenir les grossesses, ils étaient bien moins efficaces contre les infections que les versions modernes en latex ou en polyuréthane.

96. Rien qu'aux États-Unis, plusieurs centaines de millions de préservatifs sont vendus chaque année, avec des estimations dépassant souvent les 400 millions, un chiffre qui reflète leur utilisation très répandue comme moyen de protection.

97. Le premier préservatif en caoutchouc a été introduit en 1855 et a marqué une avancée majeure en termes de solidité et de réutilisabilité par rapport aux matériaux précédents, même si ces premières versions étaient beaucoup plus épaisses que celles d'aujourd'hui.

98. La première publicité télévisée pour un préservatif a été diffusée en 1975 et a contribué à rendre les discussions sur le sexe protégé plus visibles dans l'espace public. L'une des grandes marques impliquées dans ces premières campagnes marketing était Trojan.

99. Les forces militaires ont été parmi les premières grandes organisations à promouvoir activement l'utilisation des préservatifs, notamment pour prévenir les infections sexuellement transmissibles chez les soldats. L'armée allemande, en particulier, a joué un rôle important dans la distribution et la généralisation des préservatifs en Europe, et au-delà.

100. La mélodie de l'hymne national américain, « The Star-Spangled Banner », provient en réalité d'une ancienne chanson britannique intitulée « To Anacreon in Heaven », associée à un club de gentlemen. Ses paroles faisaient l'éloge de l'alcool, de l'amitié et des plaisirs de la vie.

101. Les dauphins sont souvent présentés comme des animaux qui ont des relations sexuelles pour le plaisir, mais ils ne sont pas les seuls. Des comportements sexuels non liés à la reproduction ont été observés chez d'autres espèces, comme les bonobos, ce qui suggère que le plaisir et le lien social jouent aussi un rôle dans le règne animal.

102. Des recherches indiquent que ce qui se passe après le sexe peut être tout aussi important que l'acte lui-même. Les câlins et autres marques d'affection faisant suite aux rapports sont associés à une plus grande satisfaction dans la relation et à un plaisir global accru pour les deux partenaires, probablement grâce à la libération d'hormones liées à l'attachement comme l'ocytocine.

103. En Angleterre, un homme agacé par des nids-de-poule non rebouchés a trouvé une solution créative à son problème : il a fait des dessins salaces autour d'eux pour attirer l'attention. La tactique a fonctionné, car le conseil municipal a rapidement rebouché les nombreux trous, et il est par ailleurs devenu célèbre sur Internet sous le surnom de « Wanksy » (un surnom construit sur le verbe *to wank*, « se branler »).

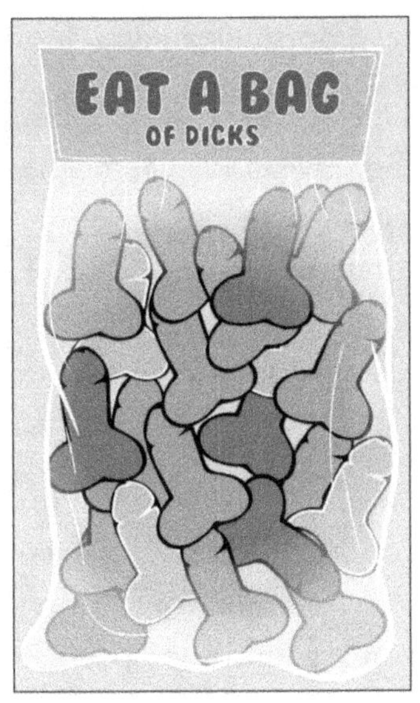

104. Il existe une entreprise de gadgets appelée DicksByMail.com, c'est-à-dire EnvoieBites.com, qui permet d'expédier des colis farceurs remplis de bonbons aux formes humoristiques. Moyennant une petite somme, les clients peuvent faire envoyer anonymement un colis accompagné d'un message coquin, pour faire une petite blague légère.

105. La baleine bleue détient le record du plus grand pénis du règne animal, avec des longueurs documentées dépassant les 3 mètres. Un chiffre à la mesure de la taille gigantesque de la baleine bleue, dont l'anatomie reproductrice est proportionnelle à son énorme corps.

106. Les gestes d'affection physique comme les câlins peuvent avoir de véritables effets physiologiques. Un contact prolongé, par exemple un câlin de 20 à 30 secondes, peut augmenter le taux d'ocytocine, souvent appelée « hormone de l'attachement », ce qui renforce le sentiment de proximité et, dans certains cas, contribue à l'excitation.

107. Le processus d'éjaculation est en grande partie contrôlé par des réflexes au niveau de la moelle épinière, ce qui signifie que le cerveau n'est pas le seul responsable de son déclenchement. Ainsi, même en cas de lésion de la moelle épinière, certains de ces réflexes peuvent rester fonctionnels, ce qui explique que certaines personnes puissent encore avoir un orgasme.

108. Les orgasmes ne nécessitent pas toujours une stimulation sexuelle directe. Certaines personnes, particulièrement les femmes, ont rapporté en avoir eu pendant des activités comme le sport, le yoga ou même l'accouchement. On parle parfois de « coregasmes »

lorsqu'ils sont liés à un effort physique. Ils résultent alors du mouvement musculaire et de la stimulation nerveuse.

109. En termes de durée, les femmes ont généralement des orgasmes plus longs que les hommes. En moyenne, les orgasmes masculins durent 10 à 15 secondes, tandis que les orgasmes féminins durent plutôt autour de 20 secondes ou plus. Dans le monde animal, certaines espèces comme les porcs peuvent avoir des événements reproducteurs nettement plus longs, se prolongeant sur plusieurs minutes.

110. Selon certains sondages, une partie des femmes admettent avoir parfois des relations sexuelles pour des raisons pratiques ou liées à leur relation de couple, comme améliorer l'humeur de leur conjoint ou favoriser leur coopération à la maison. Cependant, des chiffres comme «

84 % » sont probablement exagérés : les motivations sexuelles sont bien plus variées et personnelles qu'une seule statistique ne peut le laisser croire.

111. Les troubles de l'érection deviennent plus fréquents avec l'âge. Les études estiment qu'environ 5 % des hommes de 40 ans en sont atteints. Ce taux monte à 15 à 25 % vers 65 ans, en raison des changements naturels affectant la santé, la circulation et les niveaux hormonaux.

112. Les Américains déclarent avoir des relations sexuelles moins fréquemment que la moyenne mondiale, avec des estimations inférieures à une heure par semaine. Bien que les chiffres exacts varient selon les études, des facteurs comme le stress, les horaires de travail et les différences culturelles jouent un rôle dans ces comparaisons.

113. Parmi les adolescents sexuellement actifs aux États-Unis, beaucoup affirment que leur première expérience sexuelle s'est déroulée dans le cadre d'une relation sérieuse. D'après des sondages, plus de la moitié des garçons et une grande majorité des filles disent que leur premier partenaire était une personne qu'ils considéraient comme une relation à long terme ou significative.

114. La fréquence moyenne des rapports sexuels est souvent estimée à un peu plus de 100 fois par an, soit environ deux fois par semaine.

115. Des sondages indiquent qu'environ un adulte marié sur dix fait régulièrement chambre à part son partenaire. Cela peut être dû à des horaires différents, au ronflement ou à des préférences de confort personnel, plutôt qu'à des problèmes de couple.

116. La circonférence moyenne d'un pénis en érection est généralement comprise entre 10 et 15 cm.

117. Des recherches indiquent que l'âge moyen de la première expérience sexuelle se situe à la fin de l'adolescence. De nombreuses études montrent que les hommes ont tendance à déclarer des âges légèrement plus précoces que les femmes, mais la différence entre les deux sexes reste faible.

118. Certaines études suggèrent que la génétique pourrait jouer un rôle dans des traits comme l'impulsivité et la prise de risque, ce qui pourrait influencer l'âge auquel une personne devient sexuellement active.

119. Il existe un mythe persistant selon lequel sauter sur place après un rapport sexuel pourrait empêcher une grossesse, mais il s'agit bien d'un mythe. Une fois que les spermatozoïdes sont entrés dans les voies reproductrices, les mouvements physiques comme le saut n'ont aucun effet sur la prévention de la fécondation.

120. Le Viagra a été initialement développé pour traiter des problèmes cardiaques comme l'hypertension et l'angine de poitrine. Pendant les essais cliniques, les chercheurs ont remarqué un effet secondaire inattendu : une amélioration des érections. C'est cette découverte qui a conduit à son utilisation comme traitement des troubles érectiles.

121. Les femmes peuvent également connaître une excitation nocturne, parfois appelée « rêves humides ». Ceux-ci se produisent généralement pendant la phase REM du sommeil, qui commence environ 90 à 120 minutes après l'endormissement. Pendant cette phase, l'augmentation du flux sanguin vers les organes génitaux peut entraîner une excitation physique et, dans certains cas, un orgasme.

122. Des études suggèrent que les femmes sont souvent capables de modifier subtilement leur voix pour la rendre plus séduisante, surtout dans des situations sociales ou sentimentales. Lorsque les hommes tentent d'obtenir le même effet, cela n'est pas toujours perçu comme plus séduisant et cela peut parfois être jugé moins favorablement.

123. Des recherches indiquent que la contraception hormonale peut avoir une influence sur l'attirance sexuelle. Dans certaines études, les femmes prenant la pilule montraient une préférence pour des hommes aux traits légèrement moins masculins, sans doute en raison de changements hormonaux, même si cette hypothèse demeure débattue.

124. Des études d'imagerie cérébrale ont montré que tomber amoureux active le système de récompense du cerveau, en particulier les zones liées au plaisir et à la motivation. Cette activité chevauche des régions associées aux comportements compulsifs, et les niveaux de sérotonine peuvent diminuer lors des premiers stades de l'attirance sentimentale, ce qui pourrait expliquer les sentiments intenses, parfois obsessionnels, que les gens ressentent quand ils sont amoureux.[M3]

125. Un préservatif peut se rompre pour diverses raisons, notamment une mauvaise taille. S'il est trop serré, il risque davantage de se déchirer ; s'il est trop large, il peut glisser. Cependant, les ruptures sont aussi souvent liées à une mauvaise utilisation, à un manque de lubrifiant ou à une date d'expiration dépassée.

126. Le mot « pornographique » vient du grec *pornē*, qui signifie « prostituée », et *graphos*, qui signifie « écriture ». À l'origine, il désignait des écrits sur les prostituées ou d'autres sujets liés au sexe.

127. Des recherches suggèrent que les personnes ayant de forts traits narcissiques peuvent parfois aborder le sexe différemment, en le voyant comme un moyen d'obtenir de la validation, du contrôle ou du pouvoir plutôt qu'une connexion émotionnelle. Cela dit, les motivations sexuelles varient énormément d'une personne à l'autre.

128. Au Brésil, l'araignée errante est connue pour son venin puissant qui peut causer de fortes douleurs, une accélération du rythme cardiaque et, dans certains cas, des érections prolongées. Les scientifiques étudient actuellement des

composants de son venin pour un possible usage dans le traitement des troubles de l'érection.

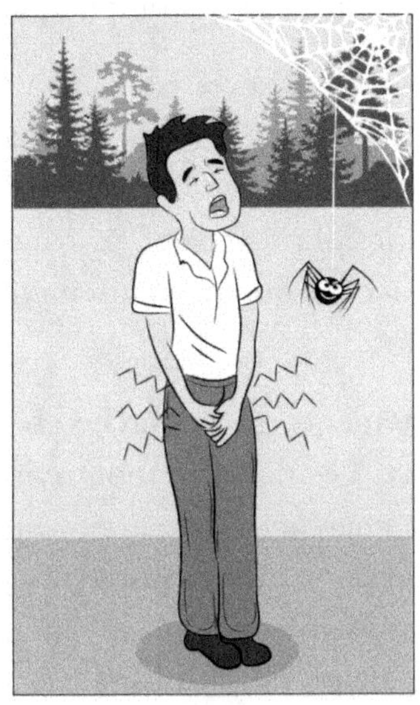

129. Certaines femmes peuvent atteindre l'orgasme uniquement par la stimulation des seins ou des mamelons. Cela vient du fait que les signaux sensoriels des mamelons sont traités dans des zones du cerveau similaires à celles de la stimulation génitale, et cela montre à quel point les voies du plaisir dans le corps sont interconnectées.

130. Une étude de l'université Wilkes a révélé que les étudiants qui avaient des relations sexuelles une ou deux fois par semaine présentaient des niveaux plus élevés d'immunoglobuline A, un anticorps qui joue un rôle dans la défense immunitaire.

131. Le record du plus long baiser a été établi en 2005 : 31 heures et 30 minutes. Le couple a dû rester lèvres contre lèvres pendant tout ce temps, ce qui fait de cet exploit autant un test d'endurance qu'un geste romantique.

132. Bien que rares, les décès pendant un rapport sexuel existent. D'après les estimations, un très faible pourcentage de morts subites (environ 0,5 à 0,6 %) survient pendant une activité sexuelle, le plus souvent à cause de problèmes cardiaques sous-jacents ou, plus rarement, d'hémorragies cérébrales.

133. Les comportements de recherche en ligne ont parfois de quoi surprendre. Les données montrent que les hommes hétérosexuels ne cherchent pas uniquement des images d'anatomie féminine : ils consultent aussi beaucoup d'images d'anatomie masculine, ce qui peut tout autant révéler un sentiment de curiosité ou un besoin de comparaison que de l'attirance.

134. Même lorsque l'activité sexuelle n'est pas particulièrement excitante, les recherches suggèrent que les couples qui maintiennent un certain niveau d'intimité rapportent un bonheur global plus élevé que ceux qui n'en ont aucune, ce qui souligne l'aspect émotionnel et le lien créé par le contact physique.

135. Certaines études ont suggéré que des facteurs simples comme le confort et la température corporelle pouvaient influencer l'excitation. D'après l'une d'entre elles, les femmes qui portent des chaussettes au lit sont plus susceptibles d'atteindre l'orgasme, probablement parce

qu'avoir les pieds au chaud favorise la relaxation et améliore la circulation sanguine.

136. La chlamydia, l'une des infections sexuellement transmissibles les plus courantes aux États-Unis, passe souvent inaperçue car beaucoup de personnes ne présentent aucun symptôme. Un problème qui rend les tests réguliers particulièrement importants pour les personnes sexuellement actives.

137. Les données de santé publique suggèrent qu'une part importante de la population contractera une infection sexuellement transmissible au cours de sa vie. Les estimations varient, mais de nombreuses sources indiquent qu'environ 1 personne sexuellement active sur 2 pourrait être touchée par une IST au moins une fois.

138. Les sondages sur les relations sentimentales montrent que la compatibilité sexuelle peut être un facteur important. Environ 40 à 50 % des hommes déclarent qu'une vie sexuelle régulièrement insatisfaisante pourrait être un motif de rupture, tandis qu'un peu plus de la moitié des femmes disent la même chose, ce qui souligne l'importance de l'intimité pour les deux partenaires.

139. Il existe une affection rare appelée amnésie globale transitoire qui correspond à une perte temporaire de la mémoire à court terme pouvant survenir après un événement physique ou émotionnel intense, dont le sexe. Elle est peu fréquente et disparaît généralement en quelques heures, mais elle peut être très impressionnante quand elle se produit.

140. Retenir sa respiration pendant le sexe n'est pas une méthode fiable pour tenir plus longtemps. Bien que la respiration influence l'excitation, limiter son apport d'oxygène ne retarde pas significativement l'éjaculation et peut même créer de la tension. Au contraire, une respiration lente et contrôlée favorise la relaxation, améliore les sensations et augmente le plaisir global.

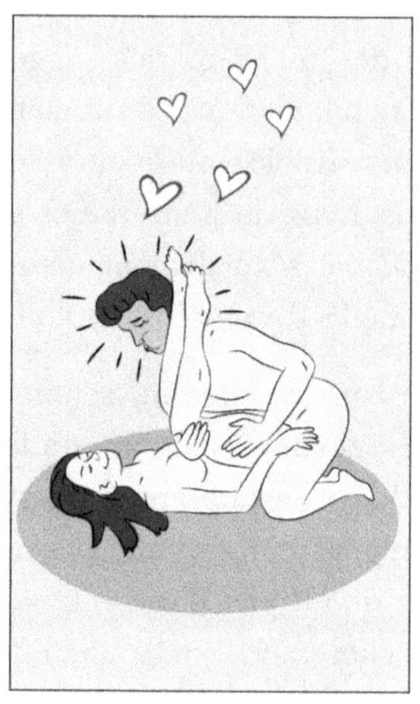

141. Pendant l'excitation, certaines femmes connaissent une augmentation du flux sanguin vers les seins, ce qui peut les rendre plus pleins et plus sensibles. Le degré de gonflement varie d'une personne à l'autre, et la sensibilité peut différer selon les zones du sein en fonction de l'anatomie de chaque femme.

142. Des recherches indiquent que le contexte émotionnel est important. De nombreux hommes rapportent une plus grande satisfaction globale lorsque le sexe se produit dans le cadre d'une relation sérieuse, où la confiance, le confort et la connexion tendent à améliorer l'expérience par rapport à des aventures occasionnelles.

143. Le chiffre souvent cité selon lequel une éjaculation se déplacerait à environ 45 km/h provient d'estimations anciennes et limitées, et n'est pas considéré comme une mesure précise ou universellement acceptée. La vitesse réelle varie et n'a pas été standardisée de façon définitive.

144. Le clitoris est extrêmement sensible et contient des milliers de terminaisons nerveuses. Une grande partie de sa structure

s'étend à l'intérieur du corps, au-delà de ce qui est visible. Cela explique pourquoi une stimulation indirecte peut être très agréable. Bien qu'il change avec le temps, l'affirmation selon laquelle sa taille serait multipliée par quatre après la puberté est exagérée ; il devient cependant plus proéminent et plus réactif avec l'âge et certains changements hormonaux.

145. Des études d'imagerie cérébrale ont montré que la stimulation des mamelons peut activer les mêmes zones sensorielles du cerveau que la stimulation génitale chez certaines femmes. Ce chevauchement explique pourquoi, pour certaines, la stimulation des mamelons à elle seule peut provoquer un fort plaisir, voire un orgasme.

146. Les affirmations selon lesquelles de nombreuses femmes préféreraient des aliments comme le chocolat, le steak ou les sushis au sexe sont généralement basées sur des sondages manquant de sérieux plutôt que sur une étude scientifique rigoureuse. Les préférences varient énormément, et même si la nourriture peut être très gratifiante, ces comparaisons sont plus ludiques que factuelles.

147. L'éjaculation précoce est l'un des problèmes sexuels masculins les plus courants. Cliniquement, elle est souvent définie comme une éjaculation survenant dans la minute qui suit la pénétration. Des études indiquent qu'une part importante des hommes en fait l'expérience à un moment donné, ce qui en fait le trouble de l'érection le plus fréquent chez les jeunes.

148. Les sondages sur l'attirance pour les athlètes reflètent souvent les tendances culturelles. Des sports comme le

football et la natation sont fréquemment mentionnés, probablement en raison de la visibilité, de la silhouette et de l'exposition médiatique, même si les préférences individuelles varient beaucoup.

149. La sexualité humaine peut inclure un large éventail d'intérêts inhabituels ou très spécifiques, appelés paraphilies (attirances pour des objets, situations ou comportements atypiques). Des termes comme l'autoplushophilie (excitation à s'imaginer en doudou ou en personnage de dessin animé), l'autonépiophilie (excitation à s'imaginer bébé), la climacophilie (excitation à l'idée de tomber dans les escaliers) ou la lithophilie (excitation liée aux pierres ou au gravier) décrivent des types d'attirances vraiment pointus.

150. Certains hommes peuvent ressentir ce qu'on appelle un « orgasme sec », c'est-à-dire qu'ils atteignent l'orgasme sans éjaculer. Cela peut arriver naturellement dans certains cas, avec l'âge, ou grâce à des techniques spécifiques qui séparent l'orgasme de l'éjaculation.

151. Au cours d'une vie, on estime que l'homme moyen éjacule environ 4 à 11 litres de sperme au total.

152. Nos premiers ancêtres humains possédaient probablement des épines péniennes, de petites structures en kératine encore présentes chez certains primates aujourd'hui. Les humains ont perdu le codage génétique de ces épines au fil de l'évolution, dans le cadre des changements dans les comportements d'accouplement et de reproduction.

153. Les endroits les plus populaires pour avoir des relations sexuelles en dehors de la maison sont les voitures, les parcs et les plages, qui arrivent presque toujours en tête. Ensuite, les choses deviennent un peu plus audacieuses : toilettes publiques, cinémas, universités ou bibliothèques, cabines d'essayage, piscines, balcons et même lieu de travail, où le mélange de discrétion et d'adrénaline rend l'expérience particulièrement intéressante.

154. Les hommes pensent au sexe plus souvent que les femmes en moyenne, jusqu'à deux fois plus fréquemment au cours de la journée, d'après des estimations, ce qui constitue l'une des différences les plus souvent citées dans les pensées sexuelles entre les genres.

155. Des sondages auprès des jeunes ont montré qu'une part importante de ceux qui sont devenus sexuellement actifs entre 15 et 19 ans ont ensuite regretté de ne pas avoir attendu plus longtemps. Cela est souvent lié à la maturité émotionnelle, au contexte relationnel ou à la pression sociale plutôt qu'à l'acte lui-même.

156. L'activité sexuelle se poursuit bien au-delà de la cinquantaine. Des recherches indiquent que de nombreux adultes de plus de 50 ans restent sexuellement actifs, avec un

pourcentage notable rapportant des pratiques comme le sexe oral au cours de l'année écoulée, ce qui reflète une intimité et une connexion qui perdurent.

157. Des études sur l'odorat et l'excitation ont suggéré que certaines odeurs, dont celle de la citrouille et de la lavande, pourraient avoir un léger effet sur la relaxation ou l'afflux sanguin.

158. Pendant l'excitation sexuelle, les vaisseaux sanguins du corps se dilatent, ce qui augmente le flux sanguin et fait légèrement monter la température corporelle. Cela peut provoquer un rougissement visible, souvent appelé *sex flush* : la poitrine, le cou ou le visage rougit ou rosit, et reprend sa teinte normale peu après la fin de l'excitation.

159. Les études révèlent souvent un écart entre la perception et la réalité concernant l'orgasme. Dans une étude bien connue, près de 90 % des hommes pensaient que leur partenaire avait joui lors de leur dernier rapport, alors que seules environ 60 % des femmes déclaraient avoir eu un orgasme, ce qui prouve qu'il y a souvent un décalage dans la communication ou la compréhension.

160. Des recherches suggèrent que la probabilité pour une femme d'atteindre l'orgasme augmente avec l'âge. L'expérience, la confiance en soi et une meilleure communication avec le partenaire sont souvent citées comme causes de cette évolution.

161. Les sondages sur les compromis dans le mode de vie donnent parfois des résultats surprenants. Dans le cadre de l'un d'eux, près de la moitié des femmes ont déclaré qu'elles préféreraient renoncer au sexe pendant deux semaines plutôt que de se passer d'internet, ce qui montre à quel point numérique est devenu central dans nos vies.

162. Dans la Grèce antique, les malédictions n'étaient pas toujours subtiles. Des archéologues ont découvert des tablettes de plomb gravées de sorts, dont une près de Limassol dont le but était de nuire aux performances sexuelles d'un rival.

163. Une pratique appelée *taqaandan*, signalée dans certaines régions du Moyen-Orient, consiste à plier violemment un pénis en érection en produisant un craquement similaire à celui d'une articulation dans le but de réduire rapidement l'excitation. Bien que certains l'utilisent pour se soulager rapidement ou par discrétion, elle est extrêmement risquée

et peut entraîner de graves blessures, dont une fracture du pénis.

164. Les concentrations de spermatozoïdes ont chuté de manière spectaculaire au cours des dernières décennies. De grandes études mondiales montrent un déclin d'environ 50 à 60 % depuis les années 1970, soit environ 1 % par an. Des données plus récentes suggèrent que cette tendance se poursuit dans certaines régions, avec une étude rapportant une baisse de 27 % de la concentration de spermatozoïdes entre 2013 et 2024 chez les jeunes hommes. Les scientifiques pensent que ce déclin pourrait être lié à des facteurs modernes comme les microplastiques, les perturbateurs endocriniens (BPA, phtalates), l'obésité, le stress et les changements de mode de vie.

165. Pendant l'excitation sexuelle, le vagin devient plus élastique et s'agrandit pour faciliter la pénétration, souvent en longueur et en largeur. S'il ne « double » pas littéralement de taille de façon fixe, il est extrêmement adaptable et conçu pour s'étirer considérablement quand cela est nécessaire.

166. Le papillomavirus humain (HPV) est l'une des infections sexuellement transmissibles les plus courantes. Beaucoup de personnes y seront exposées à un moment donné, souvent sans symptôme. Il existe des types à faible risque qui peuvent causer des verrues génitales et des types à haut risque liés à certains cancers. Dans la plupart des cas, le système immunitaire élimine naturellement le virus en un ou deux ans.

167. La motivation sexuelle varie énormément d'une personne à l'autre, et les recherches suggèrent que les réponses cérébrales aux stimuli sexuels jouent un rôle. Les individus qui montrent des réactions neurales plus fortes aux images sexuelles ont tendance à déclarer avoir plus de partenaires sexuels.

168. Des sondages indiquent qu'une minorité d'adultes s'identifient comme bisexuels, avec des estimations souvent autour de 5 à 10 %. Cependant, un pourcentage plus élevé de personnes déclare avoir eu au moins une expérience avec une personne du même sexe au cours de leur vie, ce qui montre une différence entre identité et comportement.

169. Les baisers et l'activité sexuelle peuvent brûler un petit nombre de calories. Un baiser passionné peut brûler quelques calories par minute, tandis que le sexe brûle en moyenne 3 à 5 calories par minute selon l'intensité, ce qui le rend comparable à une activité physique légère plutôt qu'à un véritable entraînement.

170. D'un point de vue pratique, les positions où la femme est au-dessus permettent une stimulation plus directe du clitoris, qui est un facteur clé de l'orgasme pour de nombreuses femmes, ce qui rend ces positions plus susceptibles de mener à la jouissance pour certaines.

171. Sans contraception, le risque de grossesse sur le long terme peut être assez élevé. Bien que les chiffres varient, les études montrent qu'une grande proportion de couples ayant des rapports non protégés réguliers conçoivent dans l'année, c'est pourquoi la contraception est si importante pour ceux qui ne souhaitent pas avoir d'enfant.

172. L'avocat est depuis longtemps associé à la fertilité et au désir, en partie à cause de sa forme et de sa teneur en nutriments. D'ailleurs, le mot « avocat » vient d'un terme aztèque qui peut se traduire approximativement par « testicule », ce qui a contribué à sa réputation d'aphrodisiaque, même si l'effet est plus culturel que scientifique.

173. Les sondages qui classent « les meilleurs amants » par nationalité reposent sur des opinions et des stéréotypes plutôt que sur des mesures objectives. Des pays comme l'Espagne, le Brésil et l'Italie arrivent souvent en tête de ces classements, probablement en raison de perceptions culturelles liées à la passion et au romantisme.

174. Un tiers des hommes fantasment plus souvent sur l'argent que sur le sexe.

175. Des études ont montré que de nombreuses femmes présentent des signes physiques d'excitation face à un large éventail de stimuli visuels, qui comprennent à la fois des corps masculins et féminins et différents types d'activité sexuelle, ce qui montre à quel point l'excitation féminine peut être complexe et flexible.

176. Près de 60 % des hommes dans le monde sont circoncis, ce qui fait de la circoncision l'une des interventions chirurgicales les plus pratiquées à l'échelle mondiale.

177. Des recherches ont montré que les couples qui regardent des films centrés sur les relations sentimentales et en discutent ensemble peuvent améliorer leur communication et leur compréhension des dynamiques de couple. Une étude a révélé que cette simple activité était associée à un taux de rupture plus faible que la moyenne, probablement parce qu'elle encourage la réflexion et le dialogue.

178. Environ 1 Américain sur 4 vit avec une infection sexuellement transmissible, dont des affections chroniques comme l'herpès ou le HPV, ce qui montre à quel point ces infections sont courantes.

179. Des études sur les relations à l'université suggèrent que les arrangements type « sex friends » sont assez fréquents. De nombreux étudiants rapportent un certain degré d'implication physique avec leurs amis, même si ce niveau

varie, allant de relations sexuelles complètes à des formes d'intimité plus limitées.

180. En matière de fétichisme, les pieds et les chaussures figurent parmi les plus couramment rapportés dans les cultures occidentales. L'une des principales explications repose sur la façon dont est conçu le cerveau. Dans la carte sensorielle du cerveau (cortex somatosensoriel), les différentes parties du corps sont représentées dans des zones spécifiques. Les régions qui traitent les sensations des pieds sont situées juste à côté de celles liées aux organes génitaux. En raison de cette proximité, les signaux peuvent parfois « se croiser », ce qui fait que la stimulation ou l'attention portée à une zone peut déclencher des réactions associées à l'autre. Ce chevauchement neurologique est considéré comme l'une

des raisons pour lesquelles l'attirance liée aux pieds est plus courante que beaucoup d'autres types de fétichisme.

181. La Clôture des soutiens-gorge est l'une des attractions routières les plus originales de Nouvelle-Zélande. Située dans la campagne de Cardrona, elle a commencé lorsque quelques soutiens-gorge ont été mystérieusement accrochés à une clôture à la fin des années 1990. Au fil du temps, les voyageurs ont ajouté de plus en plus de soutiens-gorge, transformant la clôture en une exposition colorée de centaines, puis de milliers de soutiens-gorge. Ce qui avait commencé comme un acte anodin est rapidement devenu une attraction touristique, qui a suscité à la fois amusement et controverse, avant de devenir un symbole lié à la sensibilisation au cancer du sein et à des collectes de fonds caritatives.

182. Vers l'âge de 19 ans, environ 60 à 70 % des adolescents américains ont déjà eu des relations sexuelles. Ainsi, la fin de l'adolescence est la période la plus courante pour devenir sexuellement actif.

183. Après les doigts et les vibromasseurs, les bougies font partie des objets ménagers les plus souvent mentionnés par les femmes pour leur utilisation dans des expériences de plaisir, souvent en raison de leur forme et de leur accessibilité.

184. Les humains sont l'une des seules espèces à avoir des relations sexuelles face à face, ce qui, d'après les scientifiques, favoriserait le lien émotionnel et la connexion entre partenaires.

185. Le système de récompense du cerveau réagit à la fois à la nourriture et au sexe, ce qui explique pourquoi certaines personnes ressentent des sensations d'excitation similaires en anticipant l'une ou l'autre de ces activités. Toutes deux

déclenchent la libération de dopamine, ce qui les relie au plaisir et à la motivation.

186. Le vagin mesure généralement entre 7 et 10 cm au repos, mais il est extrêmement élastique et peut s'agrandir considérablement pendant l'excitation pour permettre une pénétration confortable.

187. En matière de taille, la plupart des hommes se situent dans une fourchette assez constante. Seuls environ 15 % ont un pénis de plus de 18 cm. Quant aux longueurs supérieures à 20 cm, elles sont très rares et constituent l'exception plutôt que la norme.

188. En moyenne, une personne passera environ 6 mois de sa vie à avoir des relations sexuelles.

189. Un sondage de *Time Out New York* a révélé qu'environ 31 % des hommes ont déjà simulé un orgasme, ce qui prouve que la pression de la performance n'est pas réservée aux femmes.

190. Dans la Rome antique, la prostitution était une activité structurée et ouvertement réglementée. Les services étaient souvent tarifés en fonction des demandes. Les actes basiques étaient relativement bon marché, mais les positions plus élaborées ou physiquement exigeantes pouvaient coûter plus cher, ce qui faisait de certains actes des services « premium ». Certains bordels affichaient même des menus ou des listes avec les prix, pour donner aux clients une idée claire de ce qu'ils devaient débourser. Ainsi, il y a déjà 2 000 ans, l'offre, la demande et le upselling faisaient déjà partie de l'expérience.

191. Avec un seul baiser, on peut échanger plusieurs millions de bactéries, et même jusqu'à un milliard, ce qui fait de ce geste une véritable « rencontre » microscopique entre deux écosystèmes.

192. Jonah Falcon est connu pour revendiquer l'une des tailles de pénis les plus importantes jamais enregistrées : environ 24 cm au repos et 34 cm en érection. Son pénis aurait même provoqué des confusions lors de contrôles de sécurité à l'aéroport.

193. Le chocolat contient des composés comme la phényléthylamine, parfois appelée « molécule de l'amour », qui peut imiter la sensation d'être amoureux et légèrement booster l'humeur et l'attirance.

194. Dans de bonnes conditions, les spermatozoïdes peuvent survivre jusqu'à 3 à 5 jours dans les voies reproductrices féminines. Dans de rares cas, on a même rapporté qu'ils pouvaient survivre plus longtemps, augmentant encore l'intervalle de temps pendant lequel une grossesse peut survenir.

195. Une personne a en moyenne 11 partenaires sexuels au cours de sa vie.

196. On ne peut littéralement pas écrire *happiness* (« bonheur ») sans *penis*, un petit rappel coquin que le langage a parfois le sens de l'humour.

197. Le Kama Sutra n'est pas uniquement centré sur les positions : il aborde aussi l'intimité, avec des centaines de références à différents types de baisers, le meilleur moment de les utiliser et l'ambiance qu'ils peuvent créer.

198. Se raser la zone pubienne peut augmenter le risque de transmission d'infections sexuellement transmissibles en causant de minuscules coupures ou irritations de la peau, qui facilitent l'entrée des bactéries et virus dans l'organisme.

199. Les scientifiques ne sont pas entièrement sûrs de la raison pour laquelle les humains ont des poils pubiens, mais la principale théorie est qu'ils aideraient à piéger les odeurs naturelles, ou phéromones, qui pourraient jouer un rôle dans l'attirance.

200. Pendant le Jour J de la Seconde Guerre mondiale, les soldats ont reçu des préservatifs non seulement pour se protéger, mais aussi pour des usages pratiques, comme

couvrir le canon de leurs fusils pour les protéger de l'eau et du sable pendant l'invasion.

201. La taille moyenne d'un pénis en érection est généralement comprise entre 12,7 et 17,7 cm, tandis que la longueur moyenne au repos est d'environ 9,1 cm, ce qui montre à quel point les variations naturelles et les changements entre les états peuvent être importants.

202. Des sondages suggèrent que les aventures au travail sont assez courantes : environ un Américain sur cinq déclare avoir eu une forme d'implication sexuelle avec un collègue à un moment de sa vie.

203. Les habitudes de sommeil peuvent différer en fonction du statut relationnel. Les personnes en couple rapportent

souvent une meilleure qualité de sommeil, peut-être liée à la sécurité émotionnelle, aux routines partagées ou simplement à un environnement stable.

204. Les opinions sur ce qui constitue une infidélité varient énormément, mais de nombreux sondages montrent qu'un pourcentage important de femmes considèrent le simple fait de fantasmer sur quelqu'un d'autre comme une limite franchie, ce qui montre à quel point les frontières peuvent être personnelles et subjectives.

205. L'excitation a un effet surprenant sur la perception. Lorsqu'une personne est sexuellement excitée, son cerveau se concentre davantage sur la récompense et le plaisir, ce qui peut temporairement réduire les sentiments de dégoût ou d'hésitation.

206. Certaines études ont suggéré un lien entre l'âge au moment du mariage et la santé osseuse : les hommes qui se marient plus tard dans la vie présenteraient une densité osseuse légèrement supérieure à la moyenne. Les chercheurs pensent que cela pourrait être lié à une plus grande stabilité de vie et à de meilleures habitudes de santé à long terme, plutôt qu'au mariage en lui-même.

207. La polyorchidie est une condition extrêmement rare dans laquelle un homme naît avec plus de deux testicules. Seulement quelques centaines de cas ont été documentés, ce qui en fait l'une des anomalies congénitales les plus rares.

208. Les hommes sont plus susceptibles de s'endormir après le sexe que les femmes en raison d'un puissant changement hormonal qui se produit après l'orgasme. Le taux de prolactine, une hormone liée à la relaxation et au sommeil,

augmente fortement, tandis que la dopamine, liée à l'alerte et au désir, diminue. Parallèlement, l'ocytocine et la sérotonine augmentent, créant une sensation de calme et de satisfaction. Cette combinaison agit presque comme un sédatif naturel, ce qui explique pourquoi de nombreux hommes se sentent soudainement somnolents juste après le sexe.

209. La masturbation est courante à tous les âges, mais sa fréquence change avec le temps. Chez les adolescents et les jeunes adultes (fin de l'adolescence à début de la trentaine), les hommes rapportent souvent se masturber entre 3 et 7 fois par semaine, tandis que les femmes le font en moyenne 1 à 3 fois par semaine. Entre 30 et 50 ans, les chiffres tombent généralement à 2 à 4 fois par semaine pour les hommes, et 1 à 2 fois pour les femmes. Après 50 ans, la fréquence diminue encore, avec de nombreuses personnes rapportant 0 à 2 fois par semaine, même si cela reste une partie normale de la vie à chaque étape.

210. Dans le cadre d'un sondage humoristique, plus de 40 % des golfeurs ont déclaré qu'ils seraient prêts à abandonner le sexe en échange d'un meilleur swing, prouvant à quel point ils prennent leur sport au sérieux.

211. Les spermatozoïdes sont minuscules mais déterminés. Il leur faut environ une heure pour traverser les voies reproductrices sur une distance de plusieurs centimètres pour atteindre l'ovule.

212. Le clitoris contient environ 8 000 terminaisons nerveuses, ce qui en fait l'une des parties les plus sensibles du corps humain. Sa structure interne s'étend bien au-delà de ce qui est visible.

213. Des sondages suggèrent qu'environ la moitié des Américains expriment un certain niveau d'insatisfaction concernant leur vie sexuelle, ce qui prouve que les attentes, la communication et le mode de vie jouent un rôle dans la façon dont les gens perçoivent leur relation de couple.

214. Il existe une rumeur de longue date selon laquelle plusieurs papes seraient morts pendant un rapport sexuel, mais cette affirmation est largement considérée comme un mythe ou une exagération, basée sur des ragots historiques plutôt que sur des preuves fiables.

215. Les personnes ouvertes et à l'aise pour parler de sexe rapportent généralement une plus grande satisfaction que la moyenne dans leur vie sexuelle. Une communication claire mène souvent à une meilleure compréhension, moins de malentendus et une expérience globalement plus agréable.

216. Un taux de cholestérol élevé n'affecte pas seulement le cœur : il peut aussi impacter les performances sexuelles. La réduction du flux sanguin due aux artères bouchées peut contribuer aux troubles de l'érection, qui constituent parfois un premier signe d'avertissement de problèmes cardiovasculaires.

217. Contracter les muscles du plancher pelvien (souvent appelés muscles PC) peut intensifier les sensations. Juste avant l'extase, cela peut renforcer la montée du plaisir et mener à un orgasme plus fort et mieux contrôlé.

218. Des études suggèrent que les préliminaires durent en moyenne 10 à 15 minutes, mais que les couples qui y passent plus de temps rapportent souvent une plus grande satisfaction. Des préliminaires plus longs augmentent à la fois l'excitation et les probabilités que les deux partenaires profitent pleinement de l'expérience.

219. La position peut parfois influencer les performances. En cas de difficultés à maintenir une érection, les positions

qui limitent l'effort physique et aident à maintenir le flux sanguin peuvent se révéler plus confortables et efficaces.

220. La racine de réglisse a été associée à des effets hormonaux dans l'organisme. Elle peut influencer les niveaux de cortisol, ce qui peut à son tour diminuer la testostérone, un changement qui a été lié à une baisse de la libido dans certains cas.

221. Certaines femmes rapportent ressentir du plaisir, voire un orgasme, par la stimulation de zones autres que les organes génitaux ou les seins. Ce phénomène, parfois appelé « orgasmes de zone », montre à quel point les voies du plaisir dans le corps peuvent s'étendre à de multiples régions sensibles.

222. Des sondages suggèrent qu'un nombre notable d'hommes ont déjà regardé du contenu adulte au travail au moins une fois, ce qui montre comment l'accessibilité et les habitudes peuvent brouiller les frontières entre vie personnelle et professionnelle.

223. Des recherches indiquent que la plupart des gens utilisent une forme de contraception lors de leur première expérience sexuelle, avec des estimations souvent situées autour de 70 à 80 %, des chiffres qui révèlent une prise de conscience croissante des pratiques sécuritaires chez les jeunes générations.

224. À l'échelle mondiale, on estime qu'il y a plus de 100 millions de rapports sexuels chaque jour, un rappel de l'universalité de l'intimité à travers les cultures et les sociétés.

225. Une activité sexuelle régulière peut contribuer à solliciter et renforcer les muscles du plancher pelvien, qui jouent un rôle dans le contrôle de la vessie. Tout comme des exercices ciblés, le sexe peut contribuer à un meilleur maintien de la vessie et des organes environnants au fil du temps.

226. Un nombre surprenant de personnes entre le milieu de la vingtaine et le début de la trentaine ont l'impression que leur « pic sexuel » est déjà derrière elles, alors que les recherches montrent que la satisfaction et la confiance s'améliorent souvent avec l'âge et l'expérience.

227. Lorsque les adolescents choisissent de s'abstenir de sexe, les raisons les plus courantes sont pratiques et personnelles. Éviter une grossesse, attendre le bon partenaire et servir des convictions religieuses ou morales figurent systématiquement parmi les principaux facteurs évoqués.

228. S'abstenir de jouir pendant environ trois semaines peut augmenter la testostérone et stimuler la libido.

229. Dans les sondages sur la dynamique sexuelle, un pourcentage relativement faible d'hommes déclare laisser régulièrement leur partenaire prendre les devants, même si les préférences varient largement en fonction de la relation de couple et du confort de chacun.

230. De nombreux couples intègrent des jouets ou accessoires dans leur vie sexuelle. Les estimations suggèrent qu'environ un couple sur dix utilise ensemble des objets comme des vibromasseurs, souvent pour ajouter de la variété et du plaisir partagé.

231. Les termes « showers » et « growers » sont utilisés pour décrire une différence entre les hommes dans les changements d'état de leur pénis. Les études suggèrent que 70 à 80 % des hommes sont des « growers » (de *growing*, « grandir »), c'est-à-dire qu'ils connaissent une augmentation significative de taille en érection, tandis que 20 à 30 % sont des « showers » (de *showing*, « montrer »), avec un changement moins marqué.

232. En Australie, une femme sur cinq a déjà eu des relations sexuelles avec un personne parce qu'elle avait de la peine pour elle.

233. L'utilisation du préservatif tend à diminuer avec l'âge : les études montrent que ce sont les adultes de plus de 40 ans qui rapportent les taux d'utilisation les plus bas, souvent en raison d'une moindre crainte de grossesse ou parce qu'ils sont en couple stable.

234. Une étude de 2005 a révélé que la faim pouvait influencer l'attirance : les participants montraient des préférences différentes lorsqu'ils n'avaient pas mangé. Dans certains cas, la faim était liée à des réactions d'attirance plus fortes, ce qui suggère que l'état physique peut subtilement façonner la perception.

235. Les femmes qui jouent aux jeux vidéo ont généralement plus de relations sexuelles et sont plus heureuses dans leur couple que celles qui n'y jouent pas.

236. Certaines odeurs, dont celles présentes dans le vin, peuvent améliorer l'humeur et la relaxation, ce qui peut indirectement augmenter l'excitation. Les arômes complexes peuvent déclencher des réactions émotionnelles et sensorielles qui rendent l'expérience plus stimulante.

237. Après l'orgasme, le corps entre dans une « période réfractaire », pendant laquelle il devient temporairement moins réactif à la stimulation. Cette période est généralement plus longue chez les hommes et peut durer de quelques minutes à plusieurs heures.

238. L'angle moyen d'une érection est d'environ 54 degrés, mais tout ce qui se situe entre 30 et 90 degrés est considéré comme parfaitement normal.

239. Les hommes de plus de soixante ans qui paient pour des relations sexuelles le font plus fréquemment en vieillissant.

240. La fermeté de l'érection n'est pas liée au type d'activité sexuelle, mais au degré d'excitation. Plus la stimulation et l'excitation mentale sont intenses, plus l'érection est ferme. C'est pourquoi la même personne peut avoir des niveaux de fermeté différents selon les situations.

241. Des œuvres d'art du Paléolithique supérieur datant de 30 000 ans montrent des personnes utilisant des godemichés pour se donner du plaisir ou en donner aux autres. Cela signifie que l'humanité a inventé les sex-toys bien avant la roue.

242. Les hommes infidèles sont plus susceptibles de mourir pendant un rapport sexuel que les hommes fidèles.

243. Un homme moyen connaît environ 3 à 5 érections pendant son sommeil chaque nuit, auxquelles s'ajoutent quelques-unes dans la journée, pour un total d'environ 8 à 11 érections en 24 heures, dans le cadre d'une physiologie saine normale.

244. Le mot « clitoris », issu du grec ancien, est souvent interprété comme signifiant « petite colline » ou « clé », un nom qui reflète son rôle dans le plaisir et sa proéminence anatomique.

245. Le gland, ou tête du pénis, contient environ 4 000 terminaisons nerveuses.

246. Les personnes en couple peuvent se masturber aussi souvent, voire plus, que les célibataires. Plutôt que de

remplacer le sexe en couple, la masturbation existe souvent en parallèle, comme une partie de l'expression sexuelle globale.

247. Des études ont trouvé un lien entre le niveau d'éducation et la capacité à discuter de différents types d'activité sexuelle et à les pratiquer. Les femmes ayant fait des études supérieures sont parfois décrites comme plus à l'aise pour donner et recevoir du sexe oral, probablement en raison d'attitudes plus ouvertes envers la communication et l'exploration.

248. La formicophilie est un type de fétichisme très rare qui consiste en une excitation provoquée par des insectes ou de petites créatures rampant sur le corps. On la considère comme une paraphilie très inhabituelle.

249. Des sondages suggèrent que de nombreuses personnes ont déjà fantasmé sur le sexe en groupe à un moment de leur vie. Mais si la curiosité à ce sujet est courante, le nombre de personnes qui passent réellement à l'acte est bien plus faible que ce qui est souvent mentionné.

250. L'organisme *Funisia dorothea* est considéré par les scientifiques comme l'un des premiers animaux connus à s'être reproduit sexuellement, il y a des centaines de millions d'années. Il nous donne aujourd'hui un aperçu des origines de la reproduction sexuée sur Terre.

251. Certaines études ont montré que les hommes qui partagent davantage les tâches ménagères rapportent une plus grande satisfaction dans leur relation de couple. Dans de nombreux cas, leurs partenaires et eux affirment aussi avoir des relations sexuelles plus fréquentes.

252. Environ 1 % des personnes dans le monde s'identifient comme asexuelles, c'est-à-dire qu'elles ressentent peu d'attirance sexuelle, voire pas du tout. C'est une orientation reconnue, qui fait partie du large spectre de la sexualité humaine.

253. Au fil du temps, les gens ont inventé d'innombrables termes d'argot pour désigner le sexe, allant d'expressions légères comme « parties de jambes en l'air » ou « cinq à sept » à des expressions plus colorées comme « faire crac-crac », « faire des galipettes », « s'envoyer en l'air », « conclure l'affaire » ou « faire la bête à deux dos ».

254. Lisa Sparxx a établi un record controversé en 2004 en ayant, selon les rapports, des relations sexuelles avec 919 hommes en 24 heures lors d'un événement organisé par

l'industrie pornographique. Cet exploit a depuis été battu par Bonnie Blue, venue ajouter un nouveau chapitre à l'un des records les plus commentés dans ce milieu.

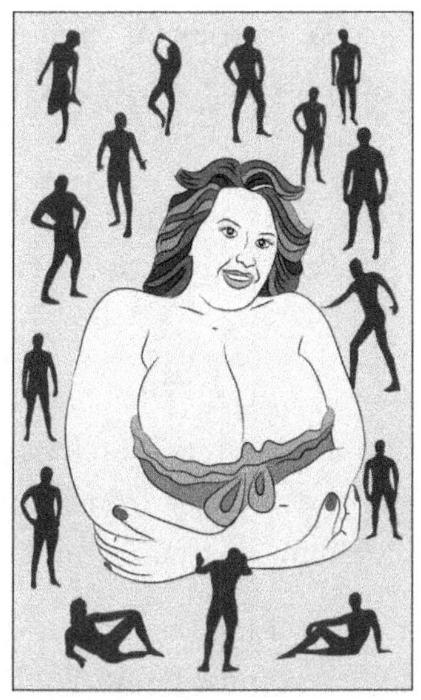

255. Les sondages sur la fréquence par pays classent souvent la Grèce et le Brésil parmi les plus élevés, avec des couples évoquant en moyenne bien au delà de 100 rapports par an.

256. John Harvey Kellogg, l'inventeur des Corn Flakes, était farouchement opposé à la masturbation et croyait qu'un régime alimentaire simple et sain pouvait contribuer à réduire les pulsions sexuelles et à promouvoir la maîtrise de soi.

257. L'araignée veuve noire mange son partenaire pendant

ou après l'accouplement. Cette araignée insatiable peut dévorer jusqu'à vingt amants en une seule journée.

258. Des recherches de l'American Sociological Association suggèrent que les expériences sexuelles les plus satisfaisantes sont souvent liées à la connexion émotionnelle, les gens rapportant un plaisir plus intense lorsqu'ils sont amoureux de leur partenaire.

259. Environ 70 % des hommes refusent d'avoir des relations sexuelles avec leur partenaire pendant leurs règles.

260. *Gorge profonde* est souvent cité comme l'un des films adultes les plus rentables de tous les temps. Il est devenu un phénomène culturel et a réussi à franchir le seuil du grand public comme peu de films du genre l'ont fait.

261. Selon Pornhub, les États les plus *kinky*, c'est à dire « coquins », sont le Wyoming, l'Alaska, le Vermont, la Virginie et l'Oregon. La Californie, étonnamment, est l'État le moins *kinky*.

262. Avoir des relations sexuelles régulièrement est lié à une meilleure fonction sexuelle. Les hommes sexuellement actifs plusieurs fois par semaine rapportent généralement moins de problèmes d'érection, probablement parce que le flux sanguin constant contribue à maintenir le bon fonctionnement global.

263. De petites caresses peuvent faire une grande différence. Des zones comme l'intérieur des cuisses et les côtés du torse sont sensibles et connectées à des voies neuronales proches. Ainsi, une stimulation douce de ces parties du corps peut

augmenter l'excitation globale et rendre les sensations plus intenses.

264. L'asphyxie accidentelle pendant une activité sexuelle, parfois liée à des comportements à risque, est un phénomène qui existe, même s'il reste relativement rare. Cela doit nous rappeler que la sécurité et la prudence sont importantes, surtout lors d'expérimentations.

265. La fermeté de l'érection dépend d'un bon flux sanguin, des niveaux hormonaux et d'une bonne santé globale. Bien s'hydrater aide à maintenir la circulation, tandis qu'un sommeil de qualité soutient la production de testostérone, deux éléments clés pour des érections fermes. Une alimentation équilibrée riche en bonnes graisses et fruits et légumes renforce la santé cardiaque et le flux sanguin. Les

légumes verts, les noix et les baies aident le corps à mieux fonctionner. L'exercice physique régulier améliore aussi la circulation, et réduire l'alcool, le stress et le tabac peut faire une différence notable. Quand le corps est en bonne santé, les érections le sont généralement aussi. Il existe aussi des dispositifs comme les anneaux péniens, conçus pour aider à maintenir l'érection en ralentissant le retour du sang hors du pénis, qui peuvent rendre les érections plus fermes et plus durables pour certains utilisateurs.

266. Quand on explore les jeux anaux, la relaxation est essentielle. Un échauffement doux, incluant un massage externe et une pénétration progressive, aide à réduire la tension et rend l'expérience plus confortable et plus agréable.

267. Une étude bien connue sur les orgasmes a montré que leur fréquence peut varier selon l'orientation sexuelle, les femmes lesbiennes rapportant des taux plus élevés que les femmes hétérosexuelles et bisexuelles, probablement grâce à une meilleure communication et une meilleure compréhension de la stimulation.

268. Historiquement, les attitudes envers le sexe ont beaucoup varié. Dans de nombreuses cultures préchrétiennes, le sexe était souvent considéré comme une chose naturelle, à célébrer, et même spirituelle, plutôt que comme une chose associée à la culpabilité ou à la honte.

269. Tenir plus longtemps pendant le sexe repose sur un mélange de contrôle, de conscience et de petites techniques qui fonctionnent ensemble. Ralentir sa respiration aide à calmer le corps et à retarder l'orgasme, tandis que

reconnaître son « point de non-retour » permet de ralentir avant qu'il ne soit trop tard. Changer de rythme, changer de position ou faire une pause brève sans tout arrêter peut réduire la stimulation juste assez pour pouvoir reprendre. Renforcer les muscles du plancher pelvien grâce à des pratiques comme les exercices de Kegel améliore le contrôle de l'éjaculation, et rester détendu mentalement est tout aussi important, car l'anxiété tend à tout accélérer. Avec un peu de pratique, ces petits ajustements peuvent augmenter significativement l'endurance et rendre l'expérience plus agréable pour les deux partenaires.

Conclusion

Et voilà… vous venez de parcourir un monde rempli de faits étranges, amusants et parfois totalement inattendus.

Si certains de ces faits vous ont fait rire, surpris ou même remis en question ce que vous pensiez savoir, alors ce livre a rempli sa mission. Le monde est bien plus bizarre, fascinant et imprévisible qu'il n'y paraît, et il y aura toujours de nouvelles curiosités à découvrir, souvent cachées dans les détails les plus improbables.

Peut-être que vous retiendrez quelques anecdotes pour les partager entre amis, pour briller lors d'un quiz, ou simplement pour lancer une conversation qui sort de l'ordinaire. Peut-être aussi que certains faits vous resteront en tête, vous poussant à en apprendre davantage ou à voir le quotidien sous un angle différent.

Quoi qu'il en soit, la curiosité est une force. C'est elle qui nous pousse à explorer, à comprendre et à ne jamais nous contenter des évidences. Continuez à poser des questions, à chercher des réponses, et à vous émerveiller devant tout ce qui vous entoure, même les choses les plus simples.

Et surtout, souvenez-vous : derrière chaque fait insolite se cache souvent une histoire encore plus surprenante.

Merci d'avoir lu… et n'arrêtez jamais d'être curieux.